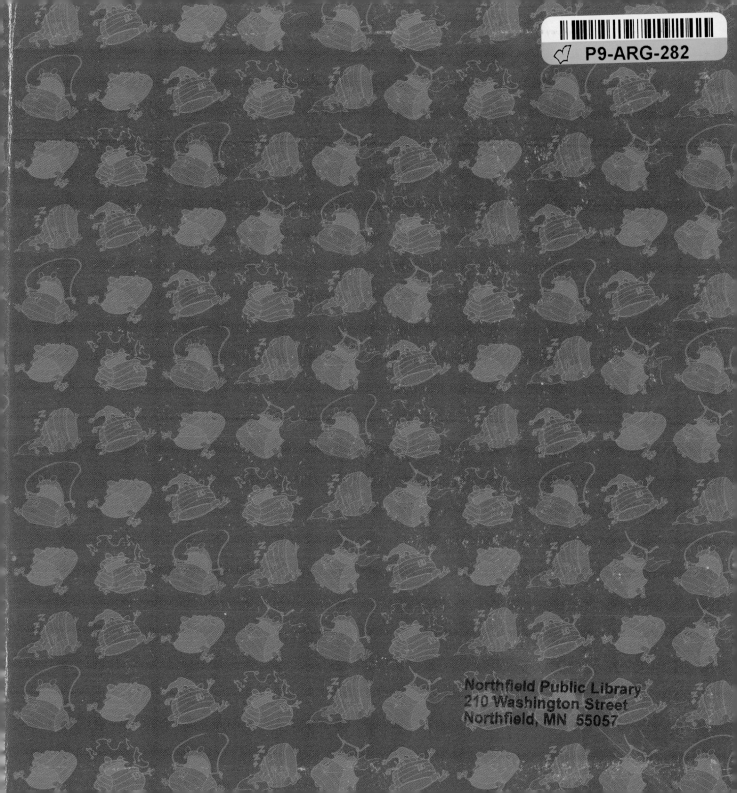

P9-ARG-282

© 2004, Ediciones Santillana S.A.
Beazley 3860 (1437) Buenos Aires

© De esta edición:
2004, Santillana USA Publishing Company, Inc.
2105 NW 86th Avenue
Miami, FL 33122, USA
www.santillanausa.com

Altea es un sello editorial del **Grupo Santillana.** Éstas son sus sedes:

ARGENTINA, BOLIVIA, CHILE, COLOMBIA, COSTA RICA,
ECUADOR, EL SALVADOR, ESPAÑA, ESTADOS UNIDOS,
GUATEMALA, MÉXICO, PANAMÁ, PARAGUAY, PERÚ, PUERTO RICO,
REPÚBLICA DOMINICANA, URUGUAY Y VENEZUELA.

ISBN: 1-59437-568-2

Impreso en Colombia por D'vinni

EL BAÚL DE
MIS JUGUETES

Un libro sobre figuras y cuerpos

COLECCIÓN
EL BAÚL

LO DESARMO CADA DÍA
Y LO ARMO SOBRE LA MESA,
ESTE **CUADRADO** SE LLAMA
_____.

RECTÁNGULO DE MADERA
DONDE PINTO UN CORAZÓN,
TIZA BLANCA, TABLA LISA
DEL _____.

PIZARRÓN

3

TRIÁNGULOS DE TELA BLANCA
QUE AVANZAN DE CHARCO EN CHARCO,
ME LLEVAN A NAVEGAR:
VELAS DE_____.

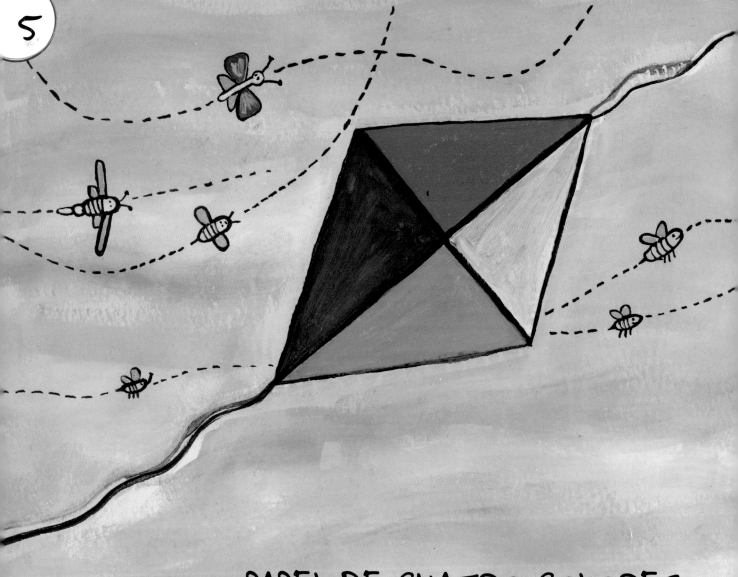

PAPEL DE CUATRO COLORES
EN EL CIELO ESTÁ SU META,
ES UN ROMBO VOLADOR
ES MI_____.

COMETA

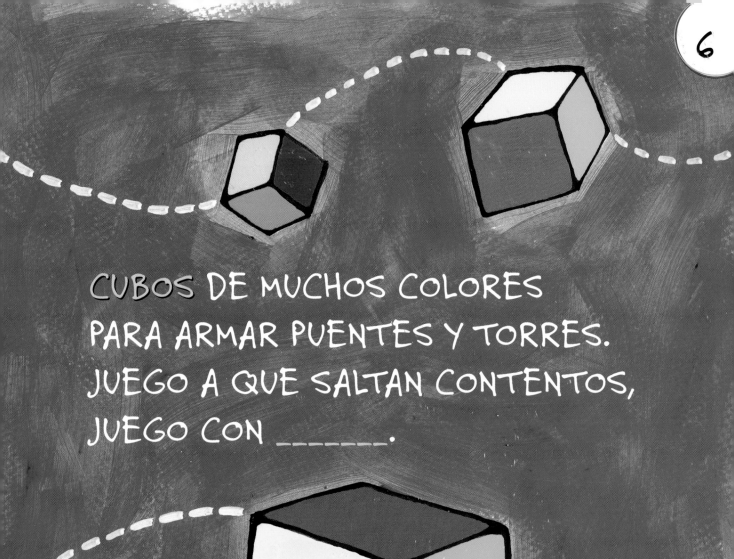

CUBOS DE MUCHOS COLORES
PARA ARMAR PUENTES Y TORRES.
JUEGO A QUE SALTAN CONTENTOS,
JUEGO CON _____.

TIENE PUERTAS Y VENTANAS,
PIRÁMIDES EN LOS TECHOS
MUY PEQUEÑA ES LA CASITA
DE LOS _____.

MUÑECOS

SI LA PATEO CON FUERZA
SALTA, REBOTA Y REBOTA,
ES UNA **ESFERA** DE GOMA
ES MI _____.

¡RATAPLÁN! TENGO UN CILINDRO
CON SONIDOS Y COLOR.
PARA MARCHAR POR EL PATIO
TOCO EL _____.

LA BRUJA SACA LA ESCOBA
QUE ESCONDE EN SU GRAN ROPERO,
PERO PERDIÓ EL CONO NEGRO
DE SU _____.

¡Disfruta todos los libros de la colección EL BAÚL!
mientras aprendes importantes conceptos

EL BAÚL DE
MIS FIESTAS
Un libro sobre los colores
COLECCIÓN EL BAÚL

EL BAÚL DE
MIS AMIGOS
Un libro sobre el tiempo y las estaciones
COLECCIÓN EL BAÚL
Santillana

EL BAÚL DE
LOS OFICIOS
Un libro sobre las vocales
COLECCIÓN EL BAÚL
Santillana

EL BAÚL DE
MIS JUGUETES

Un libro sobre figuras y cuerpos...

COLECCIÓN
EL BAÚL

EL BAÚL DE
OS ANIMALES

sobre los opuestos

EL BAÚL DE
MI MUNDO

Un libro sobre los tamaños

EL BAÚL DE
LOS TRANSPORTES

Un libro sobre los números

EL BAÚL DE
MIS PASEOS

Un libro sobre nociones espaciales

COLECCIÓN
EL BAÚL

Altea
Santillana

COLECCIÓN
EL BAÚL

Altea
Santillana

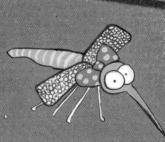

Altea
Santillana